존리와
함께 떠나는
부자 여행 ⑤

ETF가 뭐예요?

존리와 함께 떠나는 부자 여행 5
ETF가 뭐예요?

초판 1쇄 인쇄 · 2023년 1월 10일
초판 1쇄 발행 · 2023년 1월 25일

지은이 · 존리
그린이 · 동방광석
펴낸이 · 이종문(李從聞)
펴낸곳 · 국일증권경제연구소

등 록 · 제406-2005-000029호
주 소 · 경기도 파주시 광인사길 121 파주출판문화정보산업단지(문발동)
          서울시 중구 장충단로8가길 2(장충동1가, 2층)
영업부 · Tel 031)955-6050 | Fax 031)955-6051
편집부 · Tel 031)955-6070 | Fax 031)955-6071

평생전화번호 · 0502-237-9101~3

홈페이지 · www.ekugil.com
블 로 그 · blog.naver.com/kugilmedia
페이스북 · www.facebook.com/kugilmedia
E - m a i l · kugil@ekugil.com

ISBN 978-89-5782-225-8(14320)
      978-89-5782-187-9(세트)

차 례

등장인물

존리

지우, 지수, 민영, 율이가 힘든 일이 있거나 궁금한 것이 있을 때면 제일 먼저 찾는 멘토다. 공원 옆의 작은 도서관에서 사서로 일하고 있다. 주식, 창업, 펀드, 채권, ETF 등의 분야에 매우 깊고 풍부한 지식을 지니고 있다. 인테리어를 의뢰한 사람이 하는 ETF가 뭔지 궁금해 하는 지우에게 ETF 투자의 가치와 올바른 투자 방법 등을 자세히 알려 준다.

자산운용사 대표

펀드를 출시해서 운용하고 있다가 최근에 ETF를 출시하게 된 자산운용사 대표로 지우에게 새로운 사무실의 인테리어를 의뢰한다. 모든 의사 전달은 메일로 하는 것을 선호하는 성향이다. 늦은 시간까지 최선을 다해 일하는 지우의 모습에 호감을 느끼고 지인을 소개해 주기도 하고 ETF에 관심을 보이는 지우에게 ETF에 대해 설명해 주기도 한다.

별장 인테리어 의뢰인

자산운용사 대표의 소개로 지우에게 별장 인테리어를 의뢰한다. 그런데 공사 진행 중 이것저것 디자인 변경해 줄 것을 요구한다. 지우가 일정 안에 끝내려면 더 이상의 변경은 불가능하다고 말하지만 그렇다고 맘에 들지 않게 할 수는 없다면서 무리한 요구를 계속한다. 무리하게 공사를 진행하다가 결국 사고가 나고 마는데…

지우 회사 직원

지우의 세상에 입사하게 된 것을 기뻐하고 열심히 일했지만 점점 일이 없어지자 퇴사를 하게 될까봐 걱정이 많아진다. 그러던 중 지우의 디자인을 빼오면 취업을 시켜주겠다는 경쟁업체의 유혹을 뿌리치지 못하고 지우의 디자인을 유출한다. 경쟁업체의 점점 심해지는 요구와 양심의 가책을 견디지 못하고 지우에게 자신의 잘못을 고백하며 용서를 구한다.

지우

지수의 남동생으로 어린 나이에 인테리어 회사인 '지우의 세상'을 창업했다. 돈을 벌어 부자가 되겠다는 확실한 인생의 목표를 세우고 자신의 길을 열심히 가는 중이지만 인테리어 의뢰가 줄어들면서 회사의 상황은 힘들어진다. 어느날, 사무실 인테리어를 의뢰하는 메일이 오고 그 의뢰인의 책상에서 ETF라는 글자를 발견하면서 ETF에 대해 알아가게 된다.

지수

회사원으로 안정된 생활을 했지만 안주하지 않고 자신의 꿈을 찾아 새롭게 도전한다. 퇴근 후 디자인 학원을 다니면서 열심히 노력한 끝에 디자이너로서의 길을 걷게 되었다. 디자인을 검색하던 중 지우의 디자인과 같은 디자인을 보고 지우에게 알려주며 함께 걱정해 준다. 매일 밤 늦게 오고 힘들어 하는 지우 모습을 보면서 걱정하면서도 잘 이겨낼 거라 믿고 응원한다.

율이

지수의 둘도 없는 친구로 지우에게는 듬직한 형이다. 민영과 함께 지수, 지우와 어릴 때부터 많은 시간을 함께 보낸 사이다. 도서관에서 지우, 지수와 함께 사서님께 ETF에 대한 설명을 들은 뒤 ETF의 매력에 점점 빠져든다. 책 기획으로 골머리를 앓지만 언제나 긍정적인 마음을 잃지 않으며 친구들에게 늘 도움을 주고자 노력하는 따뜻한 마음을 가졌다.

민영

율이와 함께 지수의 제일 친한 친구다. 꿈꾸던 공무원 시험에 합격하여 공무원으로 일하고 있다. 하지만 업무가 많고 친구들에 비해 자유로운 시간이 적은 점을 아쉬워한다. 친구들에게 어려운 일이 생길 때면 누구보다 먼저 도와 주려고 한다. 한편 친구들에게 뒤처지지 않으려고 열심히 경제 공부를 하겠다고 결심을 하는 등 늘 노력하는 노력파다.

프롤로그

여행은 늘 설렘이 있어서 좋다. 여행은 낯선 곳으로 갈수록 더욱더 설렌다. 기대감이 더 높아지기 때문이다. 익숙하고 편안해서 좋은 여행이 있는 반면에, 낯설고 생소해서 좋은 여행도 있기 마련이다. 그런 의미에서 이번 여행은 특별하고 가슴 떨리는 여행이 되지 않을까 생각한다. 다소 낯설고 생소할 수도 있는 ETF를 향해 떠나는 여행이기 때문이다.

《존리와 함께 떠나는 부자 여행》시리즈로 떠난 네 번의 여행! 그동안의 모든 여행이 소중하고 특별했다. 하나하나 의미 있고 설렘 가득한 여행들이었다. 주식이 무엇인지 모르는 사람들과 함께 떠난 첫 번째 여행《주식이 뭐예요?》, 취업만이 답이라 생각하고 힘겨워 하는 사람들과 떠난 두 번째 여행《취업만이 답일까?》, 펀드에 대해 궁금해 하는 사람들과 같이 떠난 세 번째 여행《펀드가 뭐예요?》, 낡은 채권 한 장으로 시작된 네 번째 여행《채권이 뭐예요?》……. 어느덧《존리와 함께 떠나는 부자 여행》이 다섯 번째 여행을 떠나게 되었다.

5권《ETF가 뭐예요?》는 성공적인 창업 이후 사업 정체기를 겪으며 힘겹게 나아가던 중 한 의뢰인을 통해 ETF의 세계에 눈을 뜨게 된 지우의 이야기다. 지우는 모든 것을 메일로만 주고받는 다소 수상한 고객에게서 인테리어 의뢰를 받는다. 그곳의 인테리어를 진행하면서 ETF에 대해 알게 되고 그 세계에 빠져드는 ETF 입문기다. 한편으로는 창업 그 후, 사업을 진행하는 과정, 알 수 없는 미래와 다가오는 삶에 대한 고민과 방황과 갈등, 그리고 이를 극복하고 앞으로 나아가는 성장담이기도 하다.

ETF는 누군가에게는 다소 낯설고 생소할 수 있다. ETF는 인덱스펀드를 주식처럼 사고팔 수 있게 증권시장에 상장한 펀드로 주식, 펀드, 채권과 함께 놓치지 말아야 할 투자 수단 가운데 하나이자 요즈음 가장 핫한 투자 방법이라고 할 수 있다.

ETF가 만능은 아니지만, 개별 주식보다 덜 위험하고 변동성이 적다는 장점을 갖고 있다. 자신만의 투자 계획과 투자 철학을 세우고 꾸준히 장기적으로 투자한다면 좋은 성과를 낼 수 있으리라 믿는다.

5권의 여행을 통해 더 많은 사람이 ETF 투자의 가치와 의미를 알기 원한다. 그들이 올바른 투자 방법과 현명한 전략을 배우기를 바라는 마음이다. 이 여행을 통해 ETF에 대한 궁금증이 풀리고 호기심이 깊어졌으면 좋겠다. 낯섦을 익숙함으로, 의심을 확신으로 바꾸면서 ETF의 세계로 들어선 지우와 함께 당당히 앞으로 나아가기를 원한다.

'어떻게 하면 나도 부자가 될 수 있을까?' 혀끝에 맴도는 근본적인 물음이자 늘 곱씹어야 하는 질문이다. 이 물음에 대한 해답은 바로 《존리와 함께 떠나는 부자 여행》에 있다.

나는 늘 한결같은 마음으로 우리나라의 청년들이 부자가 되기를 희망한다. 청년들이 세상을 바꾸어 나가는 선한 부자가 될 때까지, 더 나아가 대한민국의 모든 사람이 경제 독립을 이루는 그날까지 존리와 함께 떠나는 부자 여행은 계속될 것이다.

이 멋진 날, 우리 함께 신나고 재미있게 다섯 번째 부자 여행을 떠나 보자.

새로운 2023년을 기대하며

존 리

1장 수상한 의뢰인
- 의뢰가 들어와야 일을 할텐데…

어서 오세요~

따뜻한 아메리카노
한 잔 주세요.

네~

맛있게 드세요.

고맙습니다.

인테리어 한 곳 중에 이상이 있거나 불편한 곳은 없죠?

네, 꼼꼼하게 잘해 주신 덕분에 아주 만족해요.

손님들도 너무 예쁘다고 사진 찍으러 많이 오세요. 다 사장님 덕분이에요.

14

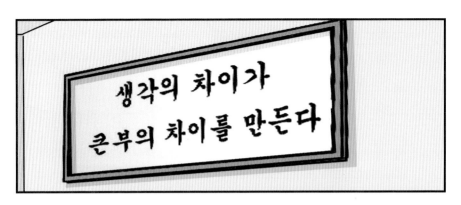

생각의 차이가
큰 부의 차이를 만든다

이제까지 그럭저럭
잘 이끌어 왔는데….

대금 결제도 잘 안 되고
요즈음에는 통 의뢰도
안 들어오네.

전체적으로 가라앉은 경제 탓인가, 셀프 인테리어 붐의 영향 때문인가…. 요즘 인테리어를 하는 사람이 너무 없네.

왜 이렇게 월급날은 빨리 돌아오는지…. 이번 달에도 직원 월급 줄 일이 걱정이네.

무슨 생각을 그렇게 골똘히 하세요?

아, 아니에요. 어서 퇴근하세요.

네, 그럼 먼저 갈게요.

주식도 펀드도
영 신통치 않아.

휴, 제대로
되는 일이 없네.

아냐, 아냐.
정신 차리자.

시간 여유 있을 때
디자인 시안이나
더 만들어봐야겠다.

마음이 심란해서
그런지 잘 안 되네.

역시 1급 바리스타는
다르군요.

하하, 1급 따느라
고생은 좀 했죠.

그때 연습하느라 맛만 보고 흘려 버린 커피가 하루에 50잔도 넘을걸요.

정말로요?

그만큼 푹 빠져 있고 끊임없이 노력하고 연구를 해야 하는 거 같아요.

그렇죠. 그런데 열심히 노력하려고 해도 작업 의뢰가 들어오지 않으니 걱정이네요.

그래요? 여기 인테리어해 주실 때만 해도 괜찮지 않았나요?

그랬죠. 그런데 요즘은 셀프 인테리어를 하는 사람도 많아졌고 경기가 어려워서 그런지 통 의뢰가 들어오지 않네요.

그렇군요.

아는 분들 있으면 소개 좀 부탁드려요.

네, 그럴게요.

다음주가 벌써 말일이네요. 요즘은 직원 월급 줄 일이 걱정이에요.

후유, 그건 저도 마찬가지에요.

같이 힘을 내자고요.

네, 그래야죠.

무슨 메일이지?

우아! 인테리어 의뢰 메일이잖아!

어머, 진짜예요?

네!

정말 오랜만에 의뢰가 들어왔네요.

그런데 좀 이상하네….

왜요?

모든 건 메일로…?

모든 일은 메일로 주고받으면서 처리하자고 하네요.

그러게요. 직접 보면서 의논하고 결정해야 할 일들이 있을 텐데 괜찮을까요?

일반적이지는 않지만 그렇다고
거절할 이유는 없을 거 같아요.

인테리어할 건물 주소와
비번은 다 적혀 있네요.

네,
일단 가 보죠.

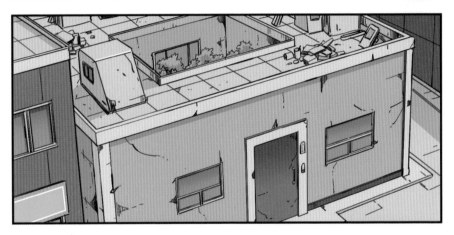

견적서 준비해 주세요.

네.

견적서도 보내고…. 이제 세부 사항만 조율하면 되겠지?

우리가 제시한 금액으로 인테리어 의뢰하시겠다고 하네요.

잘됐네요.

그런데 괜찮을까요?

뭐, 이런 의뢰인도 있고 저런 의뢰인도 있는 거니까요.

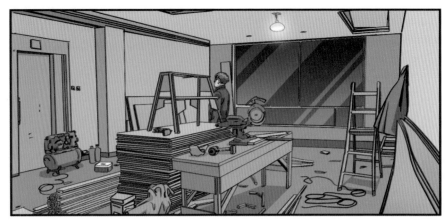

아, 저는 아무도 없는 줄 알고….

아, 안녕하세요?

잠깐 있다 갈 거예요.

점검 다 끝났습니다. 편안히 둘러보세요.

저를 좀 수상하게 생각하지 않으셨나요?

아, 좀….

하하. 제가 워낙 바쁜 데다 메일로 의사 전달하는 걸 선호하는 편이라…. 요즘에는 ETF도 출시하느라….

아, 그러시군요.

그런데 ETF…. 그게 뭐지?

ETF는 언제부터 시작되었을까?

ETF가 세계 최초로 소개된 것은 1976년이고 실제로 탄생한 것은 1988년이다. 처음으로 상장된 것은 1993년 미국에서였다. 그 뒤 미국의 ETF는 블랙록, 뱅가드, 스테이트 스트리트 등의 투자 회사가 이끌고 있다.

우리나라에서는 2002년 10월 14일 네 개의 종목이 상장되었고, 순자산 총액은 3,552억 원이었다. 그 후 ETF는 괄목할 만한 성장을 보여 2022년 10월 기준으로 국내에서 거래되고 있는 ETF는 622개로 155배가 증가하였다. 그리고 국내 ETF 시장의 순자산 총액은 76조 6,850억 원이다. 2018년에 38조 1,563억 원이었는데 불과 4년 만에 약 2배로 성장한 것이다.

최근에는 월배당, 액티브 ETF 등 다양한 상품이 등장하면서 저변이 확대되고 있다.

ETF란?

ETF(Exchange Traded Fund)는 상장지수펀드로 거래소에 상장되어 일반 주식처럼 사고팔 수 있는 인덱스펀드(index fund)다.

인덱스란 실물 자산, 채권, 주식 등 여러 가지 자산들의 가격 수준을 종합적으로 표시하는 지표 또는 지수를 말한다. 그리고 인덱스펀드는 일반 주식형 펀드와 달리 KOSPI 200과 같은 증권시장 전체의 평균적인 지수의 수익률을 따라가도록 구성한 펀드다. 특정 지수를 목표 주가로 정한 다음에 각 지수에 편입된 주식의 비중만큼 주식을 매입한 후 보유하는 전략을 사용한다.

즉 ETF는 특정 주가 지수에 따라 수익률이 결정되는 인덱스펀드를 주식처럼 사고팔 수 있게 증권시장에 상장한 펀드를 말하는 것으로 인덱스를 따라가는, 지수를 따르는, 추종 또는 추적하는 상품이다.

최근에는 시장 지수를 추종하는 ETF외에도 배당주나 가치주 등 다양한 스타일을 추종하는 ETF들이 상장되어 인기를 얻고 있다.

이제 슬슬
책을 정리하러 가 볼까?

네.

안녕하세요?

지우구나.
정말 오랜만이네!

자주 찾아뵙지 못해
죄송해요.

죄송하긴….
이렇게 왔으면
된 거지.

사실 궁금한 게
있어서 왔어요.

그래?
말해 보렴.

사서님도
저 책을 보시네요.

ETF가 뭐예요?

지우가 ETF가
궁금해서 왔구나.

ETF는 'Exchange
Traded Fund'의
약자로 상장지수
펀드야.

인덱스펀드를
주식처럼 사고팔 수 있게
증권시장에 상장한
펀드란다.

E, T, F로
설명해 볼까?
거래소(Exchange)에
상장되어
거래되는(Traded)
펀드(Fund)라는
의미야.

좀 더 쉽게
안 될까요?

상장은 주식이나 어떤 물건을 해당 거래소에 일정한 자격이나 조건을 갖춘 매매 대상으로 등록하는 거라는 건 알지?

네.

그럼 지수는요? 헤헤, 우리 누나 이름이네요.

하하, 그렇구나.

지수란 한두 개의 개별적인 주식 종목이 아니라 전체 업종의 평균값을 뜻하지. 지수에 가격이 연동되는 거야.

예를 들어 어떤 특정한 자동차가 아니라 자동차 업종, 어떤 한 종목이 아니라 그 종목이 속한 업종 전체의 지수 변동에 따라 가격이 오르기도 하고 내리기도 한다는 것이지.

그리고 펀드는 채권이나 주식의 묶음으로 은행이나 증권회사에서 주로 매입하지만 ETF는 같은 펀드지만 거래소에서 거래를 하는 것이지.

그럼 인덱스펀드는 뭐예요?

인덱스펀드(index fund)는 펀드의 수익이 지수의 변화를 따라가도록 운용하는 펀드야. 지수연동펀드라고도 하지.

인덱스펀드는 시장평균 수익률을 따라가는 펀드란다.

인덱스란 실물 자산, 채권, 주식 등 여러 자산들의 가격 수준을 종합적으로 표시하는 지표 또는 지수를 말해. 시장평균수익률은 증권시장 전체의 평균적인 수익률을 뜻하고. 이해가 되니?

좀 어려워요.

하하, 처음이라 그럴 거야.

상장지수펀드라는 이름을 곰곰이 생각해 봐. ETF는 펀드, 펀드 가운데에서도 인덱스펀드의 한 가지 종류라고 생각하면 돼.

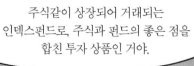

주식같이 상장되어 거래되는 인덱스펀드로, 주식과 펀드의 좋은 점을 합친 투자 상품인 거야.

이제 좀 알 것 같아요.

좀 더 설명해 주세요. ETF는 어떤 특징이 있는 거예요?

하하, 지우가 ETF에 관심이 점점 더 생기나 보네.

ETF는 종목별, 국가별, 기업의 특성별로 취향과 목적에 맞는 주식들을 골라 담아 놓은 금융 상품이야.

말하자면 펀드와 같이 여러 가지 종목의 주식을 한 그릇에 담아 놓은 상품이지.

투자자는 자신의 마음에 드는 종목들만 골라 놓은 ETF 상품을 선택한 다음, 주식처럼 거래할 수 있단다.

펀드를 주식처럼 거래하니까 편리하겠네요.

그렇다고 할 수 있지.

주식은 장기투자를 해야 하지만 돈이 필요할 때는 언제든지 바로 매매할 수 있는 환금성이 좋다는 장점을 갖고 있지.

ETF도 주식처럼 바로 사고팔 수 있단다!

정말요?

차이점은 ETF는 오르내리는 지수에 따라 주가가 달라진다는 거지.

ETF는 펀드의 장점도 갖고 있단다. 펀드의 장점이 뭘까?

펀드매니저가 관리해 주는 것, 그리고 여러 개의 주식에 분산투자할 수 있다는 것 아닐까요?

맞아. 잘 알고 있구나.

ETF는 펀드와 같은 성격으로 장기적으로 분산투자하는 상품이란다.

우와!

차를 마시면서 좀 더 이야기할까?

네, 좋아요.

ETF의 장점은
뭐예요?

편리성과 저렴한 수수료.
그리고…

적은 돈으로도
여러 주식에
분산해서 투자할
수 있다는 거야.
분산투자는 ETF의
가장 큰 특징이자
장점이지.

ETF는 힘들게 개별 주식을
고르지 않아도 된다는 펀드의 장점과
언제든지 매매할 수 있는 주식의 장점을
모두 가지고 있지.

ETF가 인기가
있겠는데요?

그렇지?

그 무엇보다 자신의 마음에 드는
업종이나 취지에 맞는 펀드를
내가 직접 선택해서 매매할 수
있다는 점이 큰 매력이야.

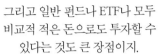

그리고 일반 펀드나 ETF나 모두 비교적 적은 돈으로도 투자할 수 있다는 것도 큰 장점이지.

그리고 주식처럼 분기별로 분배금을 받을 수도 있어.

분배금을 받는다고요?

와, 배당금 같은 건가요?

그렇단다.

일반 펀드는 분배금이 기준가에 수익금으로 반영되기 때문에 분배금이 나오는지 안 나오는지 잘 모르지만

ETF는 계좌로 직접 들어온단다.

언제 돈이 들어오는데요?

보통 1년에 한 번 주는데, 4월에 들어온단다. 분기별로 1, 4, 7, 10월에 주기도 한단다.

우리가 개별 종목에 투자할 때 해당 주식의 펀더멘털을 연구해서 반드시 장기투자를 해야 성공할 수 있단다.

ETF는 여러 주식의 펀더멘털을 연구하기 힘든 사람들에게도 좋은 투자 수단이지.

투자 판단이 상대적으로 쉽고 분산투자를 하기 때문에 개별 종목보다 변동성이 적을 수 있단다.

그러네요.

또한 ETF는 기초 자산이 다양하게 구성되어 있어.

어떻게 구성되어 있는데요?

ETF는 채권, 주식, 통화, 원자재, 그 외에 파생 상품 등 여러 기초 자산으로 구성되어 있단다.

와, 진짜 다양하네요.

그래서 ETF는 개인 투자자들에게 알맞은 투자 상품이야. 적은 돈으로 좋은 주식들에 나눠 투자하는 것과 같거든.

사서님,
안녕하세요?

누나가 여긴
어떻게 왔어?

좀 이따
율이를
만나기로
했거든.

그러는 너는
무슨 일로?

ETF에 대해
배우고 있었어.

ETF?
그게 뭐예요?

하하, 같이 설명을
들으렴.

ETF, 주식, 펀드를
서로 비교해서
말씀해 주세요.

그럼 먼저
ETF와 주식을
비교해 볼까?

ETF의 모습은 주식과
비슷하다고 할 수 있지.
ETF는 수시로
사고팔 수 있으니까.

주식과
ETF는 정말
비슷하네요.

주식투자를 할 때에는
한 기업에만 투자할 경우 그 기업이
도산하면 전액 손실을 입지.
반면에 ETF는 펀드와 마찬가지로
분산투자되어 있기 때문에
한 기업이 혹시 잘못되더라도
손실을 줄일 수가 있지.

오호!

그럼 주식보다 ETF가
안전한 거네요.

ETF는 개별 종목에
투자하는 것보다
변동성과 위험성이
적다는 장점이 있어.

적은 돈으로
할 수 있는
장점도 있고요.

우와~ 좋네요.

어떤 한 가지 투자 방법이 무조건 좋다고 말할 수는 없단다. 다양한 투자 방법 중에 ETF라는 좋은 수단이 있구나 정도로 생각하렴.

다시 말하자면 ETF는 10개 종목 이상으로 이루어져 있는 펀드니까 분산 효과가 있거든. 다양성이 있지.

따라서 개별 종목의 주식을 사는 것보다 그 업종이 들어 있는 ETF에 투자하는 것도 좋은 방법이지.

그럼 ETF와 펀드를 비교해 보면 어떤가요?

ETF는 여러 종목을 모아놓은 상품이라는 점에서는 펀드와 비슷해.

하지만 펀드의 수수료보다 ETF의 수수료가 저렴하지. 펀드매니저의 역할이 제한적이라서 그렇단다.

ETF는 하루에 여러 차례 매매를 할 수 있어. 또한 중도에 환매할 때 수수료를 내지 않아도 되지. 반면에 펀드는 보통 중도환매수수료를 내야 한단다.

중도환매수수료를 내야 한다고요?

그게 뭐죠?

중도환매수수료란 펀드에서 정한 3개월 또는 6개월 등 최소 투자 기간 안에 펀드를 환매할 때 투자자가 내야 하는 수수료야.

왜 그런 수수료를 내야 하는 거예요?

분명한 이유가 있지.

그 이유는 짧은 기간에 투자하는 초단기 투자를 막아 펀드를 운용하는 데 안정을 기하고, 환매에 따라 발생하는 비용을 감당하기 위해서란다. 그렇게 해야 다른 고객들에게 가는 피해를 줄일 수 있지.

아, 그래요?

그럴 만한 이유가 있었네요.

나만 빼고 재미있는
이야기하는 거 아냐?

어?
사서님도 계시고
지우도 있네?

안녕하세요?

어서 와라.

ETF에 대해
얘기하고
있었어.

그거 인덱스펀드랑 관련된
상품 아니야? 들어 본 적 있어.
자세히 알진 못하지만….

역시 형은 알고 있을 줄
알았어요.

워런 버핏이 이런 말을 했거든.

"내가 세상을 떠나면 내 재산의 90%를 S&P500 지수(미국의 대표적인 주가지수)에 투자하라."

율이가 잘 알고 있구나. 어떤 분야에 투자해야 할지 판단하기 어렵다면 종합주가지수를 추종하는 ETF에 투자하는 것이 좋은 방법이라는 거지.

워런 버핏이 그렇게 말할 정도면 정말 대단한 것 같아요.

기업에 직접 투자하는 위험을 피하고 안정적인 투자를 하려면 개별 종목이 아니라 전체 종목을 사야 한다는 뜻, 맞죠?

그렇지.

그럼 ETF 안의 종목이 많으면 좋은 거예요?

펀드는 하루에 1회 기준 금액이 정해지지만 ETF는 실시간으로 현재가가 오르락내리락한단다. ETF 안의 종목이 많을수록 변동성이 적어지지.

그럼 ETF가 더 좋은 거예요?

무조건 ETF만 좋은 것이라고 단정적으로 말하는 것은 위험해. ETF나 펀드나 다 장단점이 있단다.

펀드의 장점은 펀드매니저가 직접 좋은 주식을 고르는 점이야. 보통 액티브(Active) 전략이라고도 하지.

ETF는 인덱스펀드로 보통 패시브(Passive) 전략이라고 하지.

최근 많은 사람이 ETF에 관심을 가지고 있단다. 하지만 무엇보다 중요한 것은 투자하기 전에 스스로 공부해서 잘 알아봐야 한다는 거란다.

네~

그럼 잘들 가렴.

감사합니다.

난 자료실에 가서 ETF에 대해 좀 더 알아보려고.

그래, 그럼. 우린 간다.

열심히 공부해라.

ETF가 세계 최초로 소개된 때가 1976년이라고? ETF가 의외로 오래전부터 시작되었네?

그 뒤 미국의 ETF는 블랙록, 뱅가드, 스테이트 스트리트 등의 투자 회사가 이끌고 있다고?

그렇다면 ETF는 우리나라에 언제 상장되었을까?

2002년에 처음으로 거래소에 상장되었구나. ETF에 대한 역사 공부도 재미있는걸.

ETF에는 정말 다양한 상품이 있나 봐.

ETF 상품 이름이 꽤 복잡하네.

오셨어요?

네, 안녕하세요?
제가 괜히 와서 방해가
되는 건 아닌지
모르겠네요.

일을 꼼꼼하게 잘해
주셔서 감사합니다.

저야말로 고맙습니다.
끝까지 마음에 드실 수 있도록
노력하겠습니다.

저…, ETF라는 걸
많이 하시나 봐요?

ETF를
아세요?

자세히는
모릅니다.

그럼 어떻게….

본의 아니게 눈에 띄어서 책상 위에 있는 종이에서 봤습니다.

그러셨군요. 제가 종이에 쓰면서 생각을 정리하는 습관이 있어서요.

ETF에 대해 얘기해 주실 수 있나요?

물론이죠. 저는 사실 자산운용사의 대표를 맡고 있어요. ETF는 펀드와 함께 생각하셔야 해요. 저희 회사는 펀드만 출시해서 운용하고 있었는데 최근에 ETF를 출시하게 됐거든요.

아, 그러세요?

맨 바깥에 펀드가 있다고 생각해 보세요. 그 안에 인덱스펀드가 있고 그 안에 ETF가 있다고 보시면 되는 거예요.

최근에 ETF에 대한 관심이 높아져서 저희 회사도 출시를 하게 되었습니다.

아 그렇군요.

종이에 ETF의 이름이 많이 쓰여 있는 것을 봤어요. ETF의 이름은 어떻게 붙여지는 거예요?

ETF의 이름은 '자산운용사의 브랜드명+추종 지수 이름'으로 구성되어 있어요.

예를 들어 메리츠자산운용의 ETF에는 브랜드명인 '마스터(MASTER)', 삼성자산운용의 ETF에는 '코덱스(KODEX)', 미래에셋자산운용의 ETF에는 '타이거(TIGER)'가 붙습니다.

그렇군요. 덕분에 많이 배웠습니다.

다음에는 작업 상황을 직접 보여 드릴 겸 약속을 하고 만나면 어떨까요?

네, 좋습니다.

안녕하세요?
휴일인데도 이렇게
많이 와 주셔서
감사합니다.

오늘은 미국에서는
잘 알려져 있지만
한국에서는 잘
알려지지 않은 투자
방법 중 하나를
알려드리고자
합니다.

요즈음 같은
불확실성의 시대에
고려해 볼 만한 투자
방법은 무엇일까요?

저금리 시대에
수익을 올릴 수 있는
투자 수단 중의 하나는
무엇일까요?

바로 ETF입니다.

왜 ET

그렇다면 왜 ETF일까요?

ETF는 변동성을 관리할 수 있는 투자 수단이기 때문입니다.

ETF는 개별 기업에 투자하는 주식보다 위험성을 줄일 수 있습니다.

그럼 ETF는 누구에게 알맞을까요? 누구에게 권할까요?

여기 오신 분들 중에서 주식을 해 보신 분 계세요?

주식투자를 할 때
어떤 주식을 사야 할까
막연하시죠?

주식에 투자할 때
분산투자를 하고 싶은 분,
적은 돈으로 꾸준히
노후준비를 하고 싶은
분들은 고려해볼 만한
상품입니다.

종목을 하나하나 검색하고
분석하여 좋은 종목을 찾아
내기는 어렵습니다.

네, 맞아요.

그렇다고 무조건 증권 회사나
언론에서 추천하는 주식만
사면 될까요?

아뇨!

많은 투자자가 개별적인
종목에 대한 분석을
할 시간이나 전문성이
부족합니다.

이러한 투자자에게 ETF가
좋은 투자 수단의 하나가 될 것입니다.

종목 선정에 대한 부담을 떨치고 ETF로 업종만 선택하시면 되는 겁니다. 종목보다 주식시장 자체와 업종 자체에 투자하는 것이지요.

아하, 그래서 ETF, ETF 하는구나!

워런 버핏은 잘 알고 계시죠?

네~

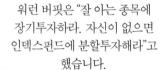

워런 버핏은 "잘 아는 종목에 장기투자하라. 자신이 없으면 인덱스펀드에 분할투자해라"고 했습니다.

그리고 아내에게 남긴 유언장에는 "내가 갑작스럽게 죽는다면 내 모든 자산의 90%는 S&P 500지수에 투자하라"고 썼다고 합니다.

여기서 워런 버핏이 말한 S&P 500지수가 바로 인덱스펀드, ETF입니다.

지난 해 ETF 시장의 성장 폭은 어느 때보다 컸습니다. 전체 시장 규모는 10조 달러(약 1경 2,720조 원)를 돌파했지요.

출범 20년을 맞이한 2022년 10월 현재 국내 시장도 순자산 76조 원을 넘어섰습니다.

한국 ETF 시장은 2002년 10월 14일 4개 종목, 순자산총액 3,552억 원으로 시작했는데 현재 국내 상장된 ETF 종목 수는 622개로 155배 증가했으며, 순자산총액은 76조 6,850억 원으로 215배 증가했습니다.

왜 ETF 인가?

일평균거래대금은 개설 당시 343억 원에서 올해 초 기준 2조 8,517억 원 수준까지 늘었습니다.

앞으로 개인투자자들의 ETF에 대한 관심과 ETF 투자는 계속 증가할 전망입니다. 그럼 잠깐 쉬었다가 다시 진행하겠습니다.

지우 맞지?

선배님, 정말 오랜만이네요.

잠시만요.

이게 얼마 만이에요?

그러게. 잘 지냈지?

네, 선배님 사업은 잘되세요?

그럭저럭 바쁘지.

여긴 어떻게 오셨어요?

하하, 둘 다 경제와 투자에 관심이 많아서 아닐까?

세미나가 다시 시작될 예정이니 자리에 앉아 주시면 감사하겠습니다.

우리 나중에 만나서 다시 얘기해요. 연락드릴게요.

그래.

좀 쉬셨나요? 세미나를 이어서 진행하겠습니다.

그렇다면 어떤 ETF가 좋을까요? 먼저 대표지수 ETF, 국내 업종섹터 ETF가 있습니다.

국내 파생 ETF, 해외 주식 ETF, 원자재 ETF 등도 있습니다.

국내 파생 ETF
해외 주식 ETF
원자재   ETF

통화 ETF, 부동산 ETF, 메타버스 ETF도 빼놓을 수 없겠지요. 올해 하반기에는 존속 기한이 있는 채권형 ETF도 새롭게 도입될 예정입니다.

대표지수 ETF가 뭔가요?

대표지수 ETF는 시장평균수익률을 추구하는 상품입니다. 시장을 대표하는 지수를 추종하는 ETF죠.

2022년 8월 기준 대표지수 ETF 비중은 45.9%, 업종섹터 ETF는 24.4%를 차지한 것으로 나타났습니다. 이어 채권형(14.7%), 전략·규모형(8.9%), 기타(6.2%) 순서입니다.

국내 자산에 투자하는 ETF 비중은 70.2%, 해외 자산형은 29.8%로 나타났습니다.

ETF를 통해 간편한 업종·테마별 투자가 가능해지면서 개인 투자자들의 투자 비중도 늘어났습니다.

국일 전자에 투자하고 싶으신가요?

그렇다면 주의깊게 살펴볼 업종은 바로 반도체 ETF, IT ETF입니다. 국일 반도체 기업에 투자하고 싶다면 반도체 기업이 포함되어 있는 반도체 ETF를 고르면 됩니다.

원자재 ETF는 어떨까요?

석유, 금, 구리, 철 같은 원자재에 투자하고 싶은 분들이 투자하실 수 있죠.

메타버스에
투자하고 싶으면
어떻게 하나요?

메타버스 관련 주식
ETF를 선택하시면
됩니다.

풍력, 태양광, 저탄소, 클린에너지, 2차전지 섹터 등
친환경 ETF도 좋습니다. 전 세계적으로 친환경 ETF의
수익률이 높았다는 점을 눈여겨보셔야 합니다.

투자 비중은
어떻게 하면
좋을까요?

개인적인 투자 성향, 지식 정도를 감안해서 주식, 펀드의 투자 비중을 결정해야겠지만 ETF도 중요한 투자로 자리잡을 가능성이 큽니다.

개별 주식보다 덜 위험하고 변동성도 적기 때문입니다.

오랜 시간 동안 경청해 주셔서 고맙습니다. 많은 도움이 되셨기를 바랍니다.

세미나 어떠셨어요?

정말 많이 배웠습니다. 유익한 시간이었어요.

도움이 되었다니 다행이네요.

왜 ETF인가?

워런 버핏은 "내가 세상을 떠나면 내 재산의 90%를 S&P 500지수에 투자하라"는 말을 남겼다. 기업의 위험을 피하고 안정적인 투자를 하려면 개별 종목이 아니라 전체 종목을 사야 한다는 뜻이다.

ETF는 특정 지수를 추종하는 금융상품이므로 인덱스(지수, 지표) 내에 있는 종목들에 분산하여 투자하는 효과가 있기 때문에 개별 기업에 투자할 때보다 위험성을 줄일 수 있다.

개인 투자자들이 예측하기 어려운 시장에서 장기적으로 안정적인 수익을 거둘 수 있는 금융상품은 주식이나 펀드보다는 ETF다. 또한 거래하는 데 드는 비용이 적고, 편리하고 쉽게 매매할 수 있으며, 효율적으로 자산을 관리할 수 있다.

개별 종목에 투자할 때는 투자할 종목을 분석하여 정하고 주식시장의 흐름을 예측하고 판단하면서 매매할 시점을 찾아야 한다. 반면에 ETF에 투자할 때는 시장 방향만 생각하고 판단하면 된다. 따라서 투자 판단이 상대적으로 용이하고 실패할 위험성이 적다.

초보 투자자는 개별적인 종목에 대한 분석력이 부족한데 이러한 투자자에게 알맞은 것이 ETF다. ETF로 업종만 선택하면 되기 때문이다.

투자한 경험이 많이 있는 노련한 투자자에게도 ETF를 권할 수 있다. 선호하는 업종의 여러 가지 종목을 한번에 사들이고 싶은 투자자에게도 ETF가 알맞다.

ETF의 특징

ETF는 지난 몇십 년 동안 제일 혁신적인 투자 상품 가운데 하나로 인정받고 있는 상품이다. 21세기에 탄생한 최고의 금융상품이라고 일컬어지기도 한다. ETF의 특징은 한마디로 우량주에 장기적으로 분산투자하는 상품이다.

ETF는 종목별로 국가별로 기업의 특성별로 취향과 목적에 따라 수익과 배당이 높은 일류 회사의 주식인 우량주들만 골라 담아 놓은 금융상품이다.

여러 가지 종목의 주식을 한 그릇에 담아 놓은 상품으로 실시간으로 확인하면서 매매가 가능하고 환금성이 뛰어나다는 주식의 장점과 개별 주식을 고르는 수고를 하지 않아도 되고 우량한 주식들에 골고루 분산하여 투자할 수 있다는 펀드의 장점을 모아서 만들었다.

3장 변덕스러운 의뢰인
- 매일 바뀌는 마음을 잡을 수 있을까?

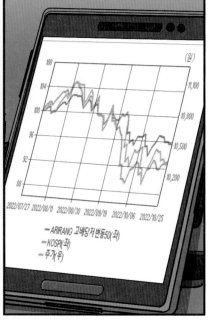

이야, 오랜만이다. 잘 지냈지?

네. 잘 지내셨죠?

살이 좀 빠진 것 같은데? 사업이 힘들지?

운동을 너무 열심히 했나 봐요.

운동하던 애를 왜 불러낸 거야?

운동하느라 땀 뺐으니 영양 보충해야지. 안 그래?

그럼요. 불러 주시면 저야 좋죠.

아참! 제가 요즘 ETF에 대해 알게 되었는데요….

ETF가 뭔데?

나 빼놓고 너희들끼리 무슨 얘길 나눴던 거야?

저번에 도서관에서 우연히 만나 사서님께 ETF 얘길 들었던 것뿐이야.

넌 자유롭게 시간 내기가 어려우니까….

아, 나도 자유로운 사람이 되고 싶다….

우리도 ETF를 잘 아는 건 아냐. 지우가 잘 알겠지.

아뇨, 저도 잘 몰라요.

그럼 내가 간단히 설명해 줄까?

ETF는 펀드 가운데 하나야.

ETF는 주식처럼 사고팔 수 있는 펀드라고 보면 돼.

그게 무슨 말이야?

ETF는 펀드처럼 여러 종목을 묶어 놓은 포트폴리오를 주식처럼 사고팔 수 있는 거예요.

주식과 펀드의 장점을 합한 것이지.

더욱이 국내 ETF는 비과세니까 더 좋아.

그런데 ETF에 투자하는 사람은 가격이 계속 오르내리는 만큼 실시간의 가격 변동성을 감당할 수 있어야 해요.

그렇구나. 오늘 많이 배웠네. 지우야, 사업은 어때?

사업도 잘될 때가 있고 안될 때가 있는데 안될 때 그것을 잘 견디는 것이 중요한 거 같아요.

그래, 많이 먹고 힘내. 오늘은 이 누나가 지우를 위해서 쏜다.

우와~ 신난다.

어? 이상한데?
이 디자인은….

지우가
새 작품이라고
보여 줬던 것
같은데….

이 디자인 어때?
자연을 콘셉트로 한 디자인이야.

오, 좋은데?

내가 디자인 검색을 하다가 뭘 좀 봤거든…. 그런데 네 디자인 같아 보이더라고….

다른 회사 디자인 시안에 있더라니까. 사람들 반응도 좋아.

그래? 이상하네…. 에이, 설마 아니겠지. 별일 아닐 거야.

지우의 세상
인테리어 전문

지우의 세상

그 디자인은 아직 세상에 꺼내지 않았는데…. 우연히 비슷한 디자인이거나….

어? 저 사람은 ABC인테리어 쪽 사람인 것 같은데….

둘이 아는
사이였던가?

오셨어요?

혹시 보셨어요?
직원 맞죠?

뭔가 심각해
보이던데요. 싸우는 거
같더라구요.

그러게요.
무슨 일인지 모르겠네요.

어, 누나.

우리 지금 모여서 얘기 나누고 있는데, 너도 올래?

응, 나도 물어볼 거 있어.

내 디자인을 어디에서 봤다고?

ABC인테리어에서 봤어.

어디 봐봐. 지금 갖고 있어.

응, 사진 찍어 놨지.

헉, 정말이네. 그래서 지금도…

지우야, 괜찮은 거야?

정말 네 디자인이 유출된 거 맞아? 이제 어떻게 할 거야?

아직 증거가 없으니까 좀 더 지켜봐야지.

그래, 일단 애들이 기다리고 있으니까 들어가자.

여기 인테리어 좋은데요?

그렇지? 내가 발굴한 곳이야.

안녕?

안녕하세요?

휴, 요즘 책 기획 때문에 머리가 터질 것 같아….

난 어떻고…. 내가 왜 패션디자인을 시작했는지 모르겠어. 너무 힘들어.

뭐니 뭐니 해도 공무원이 최고지….

그럴 리가…. 업무가 얼마나 많은 줄 아니?

그렇다면 창업이….

아, 그게…. 창업은 뭐 쉬운 줄 아세요? 일이 늘 있는 것도 아니고, 일이 들어오면 고객의 비위를 맞춰야 하고, 직원 월급도 줘야 하고….

그리고… 인테리어 디자인 유출 위기도 잘 넘겨야 하고요….

그건 또 무슨 소리야?

이번에 새로 기획한 인테리어 디자인이 유출된 거 같아요. 아직 확실하지는 않지만요.

그럼 어떡해? 큰일이잖아.

그런 일이 있었구나.

저번에 우리 ETF에 대해 처음 알았잖아요? 그 뒤에 관심이 더 생기지 않았어요?

어, 맞아. 알고 보니, 우리 과장님도 ETF에 투자하고 계시더라니까.

얼마 전 경제 뉴스 보니까 유명한 투자자가 다른 금융 상품을 많이 처분하고 ETF 쪽에 집중 투자한다더라.

세계 뉴스 보니까 미국의 ETF 시장은 점점 커지고 있는 것 같고….

미국 ETF 시장은 원래부터 규모가 컸는데 더 커지고 있나 봐.

다양한 자산에 투자하는 ETF에 대한 관심이 점점 높아지고 있다는 뜻일 거야.

휴, 나도 뒤처지지 않으려면 경제 뉴스도 열심히 보고 경제 공부도 열심히 해야겠네.

나도 마찬가지야.

나도 똑같지 뭐.

저도요.

요즘 사업은 좀 어떠니?

네, 괜찮아요. 점점 좋아질 거예요.

그래, 긍정적인 생각이 긍정적인 결과를 가져오는 법이란다.

사서님, ETF에 대해 더 알고 싶어요. 어떤 ETF를 골라야 할까요?

하하, 역시 추진력 하나는 알아줘야 한다니까.

창업할 때도 불도저처럼 밀고 나가더니.

제가 그랬었나요?

그랬었지.

지금은 돈이 많이 없지만 ETF 투자를 하려면 어떻게 해야 하는지 전략이나 방법 좀 알려 주세요.

ETF는 목돈이 없어도 할 수 있단다.

정액 적립식투자를 활용하는 거지.

정액 적립식이요? 그건 어떻게 하는 건데요?

매월 같은 금액을 적금 붓듯이 꾸준하게 투자하는 거야.

주가가 높을 때는 적게 매수하지만, 주가가 낮을 때는 많이 매수하여 평균 매입 단가를 낮추고 수량을 늘릴 수 있단다.

아~ 그렇군요.

ETF는 여러 가지 투자 수단 중의 하나일 뿐이야. 그러니 업종을 잘 선택해야 해.

자신이 잘 아는 업종을 선택하는 것이 유리하단다.

그건 주식하고 똑같네요.

그렇지.

또 어떤 것을 골라야 할까요?

아무래도 수수료가 저렴한 ETF를 고르는 것이 좋겠지?

네.

그리고 또
한 가지 기억할 점은
분산투자할 것!

ETF 자체가 분산투자의
효과가 있지만 ETF의
업종도 분산투자하는
것이 좋단다.

몇 개 정도로
분산하면
좋을까요?

최소한 3개 업종으로
나누어 투자하는
거야.

네,
말씀해 주신 점들
잘 기억할게요.

그래,
언제든지
또 오렴.

네, 감사합니다.

고객님이 다른 고객님을 소개시켜 주다니, 이제야 일이 잘 풀리려나….

예전처럼 다시 일이 잘됐으면 좋겠다.

계약이 되던 안 되던 나는 나의 일을 열심히 하면서 가면 되는 거야.

안녕하세요?

안녕하세요?
지우의 세상 대표
이지우입니다.

친구한테 말씀 많이 들었습니다.
너무 만족하고 있더라고요.
저희 별장도 잘 부탁드립니다.

네, 최선을
다하겠습니다.

이 부분은 좀 더 따뜻한 느낌으로 하면 어떨까 합니다.

네, 좋아요.

이쪽은 공간을 나누어 활용하면 어떨까요?

괜찮겠네요. 그렇게 해 주세요.

일이 잘 풀려서 정말 다행이야. 일도 계속 들어오고 고객과 얘기도 잘되고….

어디세요?

미팅 마치고 카페에서 나왔어요. 좀 걷다가 들어갈게요.

고객 미팅은요?

잘됐어요.

95

세부적인 것은 조율해야겠지만 느낌은 좋아요. 정확한 건 그 별장을 직접 가 봐야 알 수 있을 거고요.

우아, 정말 고생 많으셨어요.

다음 날

안녕하세요?

급하게 드릴 말씀이 있어서요. 잠깐 통화 괜찮으시죠?

네, 물론입니다.

음, 좀 생각이 달라졌어요. 침실은 화이트 톤으로 갔으면 해요.

네, 알겠습니다. 생각이 달라지실 수 있죠. 그리고….

왜 그러세요?

자꾸 사무실 근처로 찾아오시면 곤란해요.

곤란한 건 제가 아니죠.

디자인 빼내서 드렸잖아요. 하라는 대로 했잖아요.

그깟 디자인 하나로 넘어갈 생각 말아요.

뭘 더 원하는 거예요?

큰소리칠 입장이 아닐 텐데요.

내가 입만 열면 당신은…

어떻게 하라는 거예요?

다른 디자인도 더 가져 오세요.

아…

제가 맛있는 커피…

아, 네. 네. 그럼 전체적으로 다시 검토하겠습니다.

무슨 일이에요?

고객님이 또 생각을 바꾸셨네요…. 하하, 고객님 생각이야 계속 바뀔 수 있는 거죠.

그래도 이렇게 계속 바뀌면….

지우의 세상
인테리어 전문

시간이 너무 늦었어요. 들어가셔야죠.

벌써 시간이 이렇게 됐네?

왜 아직 안 갔어요? 제가 아까 퇴근하라고 했잖아요.

이렇게 혼자 열심히 일하고 계신데 제가 어떻게 가요?

아이참, 어서 먼저 퇴근해요. 저도 곧 갈 거예요.

다음 날

우아, 맛있겠다.

와, 정말 대단한데!

이걸 정말 네가 산 거라고?

다는 아니고….
엄마가 좀 도와주셨지.

네가 어머니를 도와드렸겠지.

맞네!

애들아, 그냥 맛있게 먹으면 안 되겠니?

지우는 왜 안 왔어?

요즘 엄청 바빠.

그렇구나.

휴, 그렇게 일만 하다가 세월이 휙 갈 텐데….

같이 ETF 얘기 더 하고 싶었는데, 아쉽네.

어떤 얘기?

내가 ETF에 대해 좀 더 알아봤어. 그런데 글쎄, 노후 대비도 ETF가 유리하다지 뭐야?

그래?

연금계좌에서 주식 투자는 할 수 없지만 ETF 투자는 할 수 있다는 거야. 개인퇴직연금(IRP)에 가입하고 ETF를 적립식으로 투자한다면, 원리금이 보장되는 형태로 운용하는 것보다 높은 수익을 올릴 수 있대. 연 700만 원의 세액 공제 혜택도 받을 수 있고.

우아!

ETF는 고령화 시대를 맞이하여 노후를 대비할 수 있는 효과적인 투자 수단인 거야.

ETF를 하려면 뭘 어떻게 해야 하는 거야?

ETF는 주식과 같은 방법으로 거래되지. 증권 회사의 홈트레이딩 시스템을 통해 직접 거래가 가능해.

증권 회사를 이용한다면 먼저 증권 회사를 정하고 계좌를 개설해. 증권 회사를 정할 때에는 믿을 수 있고 전산 시스템이 잘 갖춰진 곳을 선택하는 것이 좋겠지?

그리고 증권 회사를 방문해서 계좌를 개설하면 돼.

홈트레이딩 시스템을 이용해도 돼. 들어 본 적 있어?

아니. 그게 뭐야?

홈트레이딩 시스템(Home Trading System) 이란 온라인을 통해 주식매매를 하는 시스템이야. HTS 또는 홈트레이딩이라고도 하지.

요즈음에는 스마트폰으로도 할 수 있지?

물론이지. 스마트폰을 통한 주식 거래가 점점 활발해지고 있어. 스마트폰을 이용해서 어디에서나 실시간으로 ETF 거래가 가능해.

노후 대비에 대해 좀 더 얘기하면 TDF라는 것도 있어.

그건 또 뭐야?

104

TDF는 'Target Date Fund'로 타깃 데이트, 즉 개인의 은퇴 시점을 목표로 한 상품이야. 개인의 생애주기에 맞춰 펀드가 자산을 알아서 분배하고 조절해 주는 거지.

어떻게 조절해 주는데?

젊을 때에는 주식의 비중을 높여 주고 나이가 들면 채권의 비중을 높여 주는 거야. 생애주기에 따라 주식과 채권의 비중을 알맞게 조정해 주지.

오호, 많이 알아봤는걸.

무슨 일 있어? 너 오늘 자꾸 딴 생각하는 것 같다.

아, 미안…. 좀 생각할 게 있어서….

무슨 일인데?

응, 지우 때문에 좀 걱정이 돼서….

그렇구나….

ETF 투자 전략

분산투자를 해야 한다

ETF는 중간 정도의 수익성, 중간 정도의 위험성을 지닌 투자 상품이다.

위험성을 낮추기 위해서는 ETF의 업종을 최소한 3개 업종으로 나누어 분산투자해야

한다.

정액 적립식투자를 한다

정액 적립식으로 분할하여 매수하면 코스트 에버리징 효과를 가져올 수 있다.

＊코스트 에버리징 : 매입 시기에 따라 매입 단가가 다른 주식을 매입하여 결과적으로 매입
　가격이 평균화되어 전체 투자 기간의 시세 변동에 따른 손해와 이익을 희석시키는 일. 주가가
　높을 때는 주식 수를 적게 매수하고, 주가가 낮을 때는 주식 수를 많이 매수하여 결과적으로
　평균 매입 단가를 낮추게 되는 것.

홈트레이딩 시스템 home trading system

ETF는 주식과 같은 방법으로 거래된다. 증권 회사를 이용할 수도 있고, 홈트레이딩 시스템을 통해 직접 거래할 수도 있다.

홈트레이딩 시스템은 투자자가 증권 회사에 가거나 전화를 이용하지 않고 가정이나 직장에서 온라인을 통해 주식매매 주문을 내는 시스템이다. 'Home Trading System'의 첫 자를 따서 HTS 또는 홈트레이딩이라고도 한다.

1980년대 말과 1990년대 초기에는 주식시세 보기와 매매주문 기능 정도밖에 없었으나 인터넷 통신환경이 본격화하기 시작한 97년 이후로 98년, 99년 증시 활황과 더불어 온라인 주식거래 인구가 폭발적으로 늘어나자 증권사들의 온라인거래 수수료율 인하와 함께 다양한 HTS프로그램을 선보였다. 2000년대에 들어와서는 각종 분석은 물론 매매 상담까지 할 수 있게 되었다.

홈트레이딩 시스템은 매매수수료가 저렴하고 인터넷이 연결된 곳이면 어느 곳에서나 거래할 수 있다는 장점을 지닌다. 특히 각 종목의 등락에 따라 어떻게 매매할 것인지의 조건을 입력하면 매매를 자동으로 진행하는 기능이 첨가되는 등 각 증권 회사마다 기능 향상에 주력해 향후 주식거래에서 상당 부분을 차지할 것으로 전망된다.

4장 계속되는 위기
- 조급해 하지 말고 멀리 바라보자

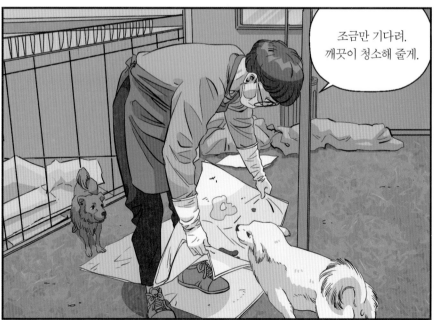

조금만 기다려.
깨끗이 청소해 줄게.

너무 열심히 하시는 것 아니에요? 좀 쉬었다 하세요.

여기까지만 하고요.

많이 바쁘실 텐데 이렇게 도와 주셔서 정말 감사해요.

아이, 뭘요.

3년 넘게 한 번도 빠지지 않고 이렇게 봉사해 주시는 분은 지우 씨 말고는 없어요. 다시 한번 감사드려요.

제가 좋아서 하는 일인데요.

이 아이들을 보면서 제가 더 힘을 얻고 가죠.

아이, 예뻐라.

어, 오셨네요! 안녕하세요?

안녕하세요?

예쁘죠? 엊그제 비 오던 날, 쓰레기봉투에서 구조해 온 아이예요.

아, 그렇군요.

사람들도 참... 너무하죠?

동물을 참 좋아하시는 것 같은데, 입양하세요!

아유, 부담을 드리면 어떡해요?

그러고 싶긴 한데, 제가 다른 생명을 책임질 만한 사람은 못 되거든요.

이 부분을 추가해 주세요.

이것까지 추가하면 시간 안에 마무리하기 어렵습니다. 지금도 빠듯한 일정입니다.

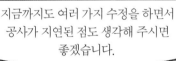

지금까지도 여러 가지 수정을 하면서 공사가 지연된 점도 생각해 주시면 좋겠습니다.

그렇다고 맘에 들지 않게 할 수는 없잖아요.

하지만…

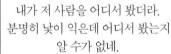

내가 저 사람을 어디서 봤더라. 분명히 낯이 익은데 어디서 봤는지 알 수가 없네.

왜 또 오신 거예요?

이렇게 자꾸 사무실 근처로 찾아오시면 곤란하다고 말씀드렸잖아요.

너무 오래 기다리게 하는 것 같은데요.

좀 더 기다려 주세요. 요즘 상황이 안 좋아요.

언제까지요?

제가 사람을 잘못 본 건가요? 기회를 잘못 준 건가요?

절 스카웃하고 연봉도 올려 주겠다는 말씀, 해외 연수 보내 주겠다는 약속 믿어도 되나요?

언제쯤 약속을
지키실 건데요?

그건 자신의 가치를
증명한 다음에 할 말
같은데요?

약속에 대한
믿음이 안 가서요.
더 이상은….

여기서 그만둔다면
이로울 게
없을 텐데요.

내가 이 일을 그쪽 대표한테 말하면
어떻게 될까요?

안녕하세요?
모두들 고생 많으십니다.

이 부분을 추가해 주셔야 할 거 같습니다.

뭐라고요? 지금 상황에서 어떻게 더 추가합니까?

이게 말이 되는 소립니까!

네, 저도 압니다. 그렇지만… 고객이….

시간도 없는데 이렇게 요구사항이 늘어나면 안전에 문제가 생길 수도 있습니다.

네, 그렇지요…. 저도 최대한 지원해 드리겠습니다.

오늘도
야근했구나….

밥은 챙겨 먹으면서
일하는 거니?

네….

가서 얘기 좀 해 봐요.
요즘 들어 왜 이렇게
힘들어 하는지….

사업하는 게 다 힘들지.
좀 쉬게 둬요.

처음 창업했을 때도
저렇게 힘들어 하진
않았는데….

괜찮니? 많이 힘들어 보이네.

어, 좀….
나중에 얘기해.

쓰러질 기운만
남은 것 같아.

똑똑

지우야,
자니?

잠깐만 좀 앉아 봐.
지우, 무슨 일 있지?

저도
자세히는 몰라요.
요즘 맡은 일이 좀
힘든가 봐요.

자기 앞가림은
잘하는 애라 그동안
걱정 안 했는데,
요즘은 정말….

너무 걱정하지
마세요. 잘 이겨낼
거예요.

그렇겠지?

그럼요.

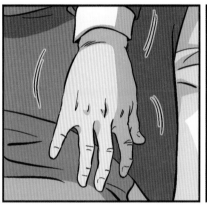

여보세요….

왜 이제야
받으세요?

자느라 못 들었나 봐요.
지금 몇 시….

큰일났어요!
현장에 사고가 났대요!

네? 뭐라고요!

이번에는 이 정도로
끝났지만 다음번엔
장담 못 합니다.

네, 인명 피해가
없어서 정말
다행입니다.

정말이지 더는 이렇게
일하지 못하겠습니다.

죄송합니다.

정말 이만하길
다행이야….

잠깐 시간
괜찮으세요?

이번 공사에서
여러모로 어려움을
겪고 있다고요….

제가 아직
부족해서요.

미안해요. 전 도움을 주고 싶어서 소개해 드린 건데, 그런 일이 있는 줄은 몰랐어요.

별 말씀을…. 괜찮습니다. 소개해 주신 것만으로도 얼마나 감사한지 몰라요.

새로 리모델링하시는 것이니 신중히 생각하고 결정하는 것이 당연하지요.

그래도 너무 힘드시잖아요.

감사 인사까지 하시니 참….

지인분도 소개해 주시고 노후준비를 위한 투자를 일깨워 주시고 특히 ETF에 관한 공부도 시켜주셔서 감사하죠.

하하, ETF 투자를 시작하셨나요?

네, 그런데 요즘 통 챙기질 못했네요….

오히려 투자한 후 잊고 사는 것이 좋을 때가 있습니다.

이 정도쯤이야 견뎌내야죠. 걱정해 주셔서 정말 고맙습니다.

너 좀 힘들어 보인다.

조금요…. 선배도 어려운 시기가 있었죠? 그때 어떻게 견뎌냈어요?

정답도 비결도 없지. 그저 자신을 믿고 자신의 주위를 돌아보고, 자신의 사람들을 믿는 수밖에….

네 실력이야 이미 검증된 거고. 잠깐 어려움을 겪는 것 뿐이야. 믿음을 가져.

이 위기가 계속될까봐 두려워요.

모든 것은 지나가게 되어 있어. 좋은 일도 나쁜 일도 영원하지 않아. 다 지나가는 거야.

그리고 위기 없이 뭔가가 이루어지진 않더라고. 지금이 너를 더 강하게 연단하는 시기라고 생각해.

이 어려움도 곧 지나갈 거야. 내가 더 열심히 하면 돼. 일에 집중하자. 집중하자.

오랜만에 ETF 수익률이나 좀 볼까?

아니, 언제 이렇게 떨어진 거지?

괜찮아. 길게 보자. 흔들리지 말자.

그런 일이 있었구나. 그래도 인명 피해가 없어서 다행이구나.

네.

넌 잘 이겨낼 거라 믿는다.

그런데 요즘은 점점 자신이 없어져요. 고객의 요구사항을 어디까지 들어줘야 하고 어디까지 맞춰줘야 하는지 잘 모르겠어요.

사람마다 입장이 다르고 생각이 다르니까 부딪힘은 늘 있게 마련이란다.

자꾸 마음이 약해져요. 고객을 놓칠까봐 두렵고요. 그 사람이 나쁜 소문을 내서 앞으로 일이 안 들어올지도 모른다는 생각이 저를 마구 짓눌러요.

하지만 고객에게 더 이상 끌려 다녀서는 안 된다고 생각해. 안 되는 것은 안 된다고 거절할 필요도 있어.

제가 능력이 부족한가 봐요. 열심히 한다고 했지만 열심도 부족했던 거 같고요.

무슨 소리니? 그동안 네가 얼마나 많이 준비하고 얼마나 열심히 했는지 나도 알고 있는데.

그때 너는 얼마나 반짝반짝 빛이 나던지….

지금은 그때의 제가 아닌가 봐요.

쓸데없는 소리! 앞으로 너는 더욱더 반짝반짝 빛이 날 거란다.

하지만 이제 한계에 온 걸까요? 너무 힘들어요.

이번에 맡은 일들이 이전 일들과 다르게 좀 큰 건이지? 처음 경험하는 큰 프로젝트니까 더 힘들 거야.

지우야, 작은 것을 보지 말고 더 큰 것을 봐야 한다. 넌 그동안 누구보다 잘해 왔어. 앞으로는 더 잘될 것이라고 믿고 자신있게 나아가렴.

크고 작은 사고들이 일어나고, 작업하는 분들도 일을 못하겠다고 하고, 직원도 의심스럽고, 마음을 둘 만한 곳이 없어요.

저기 좀 봐라. 네 답답한 마음과 일들도 저렇게 해결되었으면 좋겠구나.

129

흐린 하늘이 어느새 맑고 푸른 하늘이 되는 것처럼….

네, 그런데 요즘은 투자한 것도 신통치 않아요.

모든 일이 마음같지 않지? 힘든 일이 있을수록 지금 현재를 보지 말고

미래를 바라보면서 준비하는 것이 중요하단다.

인생이나 투자나 다 비슷하단다.

투자에 있어서 가격 변동성은 늘 있는 거니까 불안하거나 조급한 마음을 버리고 기다릴 줄 알아야 해.

네. ETF에 계속 투자하려고요.
혹시 단점은 무엇이 있을까요?

투자 시점,
환매 시점을 알려고
하는 것보다 ETF 상품에
꾸준히 여유자금으로
긴시간 투자해야 해.

주가가 일반 개별 종목들에 비해
크게 상승하지 않는 거야.

그래서 이런 단점을
보완한 것이 액티브
ETF란다.

그건 뭔데요?

지수를 그대로 추종하는 패시브방식과 다르게
펀드매니저의 재량으로 종목 구성, 비중을
조정하여 지수대비 높은 수익률을
거두는 것을 목표로 하는 거야.

캐시 우드라는 아크인베스트 CEO가
과감하게 운용하고 있지.

또 기억해야 할 점은 뭐예요?

절대로 무분별하게 투자해서는 안 된다는 거야.

자신의 경제 상황에 맞게 무리하지 않는 범위에서 해야 해. 오랫동안 그대로 두어도 될 자금을 이용해야지.

어느 정도가 좋을까요?

수입의 10~20% 정도가 적당하단다.

네, 감사합니다. 오늘도 사서님 덕분에 마음이 한결 편해졌어요.

그래 잘 이겨내리라 믿는다.

지우! 넌 할 수 있어.
힘내자구.

다 잘될 거야.

좋은 인테리어 디자인이란 뭘까요?

네?

편안한 디자인일까요? 아니면 세련된 디자인일까요?

갑자기 왜 그런 말씀을….

저는 그동안 고객이 원하고 행복감을 느끼면 좋은 인테리어 디자인이라고 생각했는데요….

잠깐 여행 좀 다녀 올게요.

네? 그게 무슨 말씀이세요?

문제를 하나하나 해결해 나가면 되는 거야.

어려운 시기는 늘 있을 수 있어. 내가 어떻게 헤쳐 나가느냐에 달려 있지.

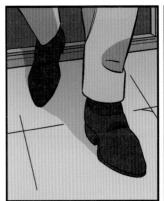

저도 한 잔 주시죠.

그동안 여러분들이 하신 말씀에 대해서 생각해 봤습니다.

여러분들의 노고는 늘 잘 알고 있습니다. 무리한 요구가 늘어나고 있다는 것도 알고요.

아는 사람이 그렇게 해요?

죄송합니다. 그때는 그게 최선이라고 생각했습니다. 앞으로는 그럴 일 없을 겁니다. 믿어 주세요.

또한번만 변경이나 추가되는 일이 있으면 저희는 정말 못합니다.

네, 알겠습니다.

오셨어요? 안 오시면 어쩌나 걱정했어요.

제가 왜 안 와요? 작업하는 분들과도 이야기가 잘되었습니다.

정말 잘됐네요. 그런데 저…, 드릴 말씀이 있어요.

차 마시면서 천천히 얘기할까요?

제가 해서는 안 될 일을 했어요. 연봉을 올려서 스카웃을 한다는 말에…

설마… 알고 계셨던 거예요?

네…. 먼저 얘기하길 기다리고 있었어요.

죄송해요. 정말 죄송해요.

괜찮아요. 그동안 일이 없어서 회사에 비전도 없었고

제 디자인에 대한 확신이 없었던 제 잘못도 크죠.

앞으로는 고객에게 휘둘리지 않고 제 디자인에 대한 확신을 갖고 고객을 설득하는 방향으로 나아가려고 해요.

앞으로는 더 열심히 연구해서 고객에게 만족과 행복을 주는 디자인을 하고 인테리어를 할 거예요. 우리 힘차게 다시 시작해요!

ETF의 장점

- 실시간으로 거래가격, 주가지수 등을 확인하면서 주식처럼 매매할 수 있다.
- 적은 돈으로 우량주에 분산하여 투자하는 효과를 누릴 수 있다.
- 자신의 마음에 드는 좋은 펀드를 직접 선택해서 매매할 수 있다.
- 수수료가 저렴하다.
- 투자 비용이 상대적으로 저렴한 편이다.
- 국내 ETF는 비과세다. 세금에 신경을 쓰지 않아도 된다.
- 분기별로 분배금을 받을 수도 있다.
- 채권, 주식, 통화, 원자재, 그 외에 파생 상품 등 다양한 기초 자산으로 구성되어 있다.
- 상품 운용에 투명성이 있다.
- ETF의 가격은 지수의 움직임을 반영해서 정해진다.

ETF에 따르는 위험

- 경제성장률이 떨어지고 경기가 나빠지면 시장이 하락하게 된다.
- 증권시장의 전체적인 흐름과 상관없이 개별 종목의 악재로 인하여 주가가 하락하는 경우도 있다.
- 거래가 활발하게 이루어지지 않아 ETF를 사고파는 것이 원활하지 않을 수도 있다.
- ETF는 예금이 아니기 때문에 예금자보호법의 보호를 받지 못한다.

ETF 위험 대비 및 관리 방법

- ETF 종목마다 어떤 수준의 위험성이 있는지 알아보고 종목을 골라야 한다. 보통 높은 수익을 추구하는 종목일수록 위험성이 높다.
- 자신만의 투자 원칙에 따라 투자해야 한다. 언론에서 홍보하는 상품이나 타인이 추천하는 상품을 무조건 선택해서는 안 된다. 종목을 선택할 때의 원칙, 매매 시점을 고를 때의 원칙, 위험에 대비하고 관리하는 원칙, 최대 이익을 얻기 위한 원칙 등을 미리 세워야 한다.

5장 희망찬 새 출발

- 생각의 차이가 큰 부의 차이를 만든다

우리가 언제 처음 만났는지 알아냈어요!

네? 무슨 얘긴지….

바로 저거였어요!

생각의 차이가 큰부의 차이를 만든다

국일대학에서 창업에 대한 강연하신 적 있죠? 그때 저 그 강연 들었었어요.

혹시 그때 내내 졸던 학생… 중의 하나…?

그때도 알바하느라 피곤해서 그랬던 거예요.

그때 강사님 얼굴이 기억났어요. 그리고 그때 강조하신 저 말도요!

아, 네….

사무실 좋네요. 인테리어 사무실이라 그런가?

여기서 일 좀 배우면 어떨까요? 제가 인테리어 디자인에 관심이 많거든요. 처음에는 돈 안 주셔도 돼요. 배우는 거니까요.

갑자기 쳐들어와서 이러시면….

영업을 해도 좋고요. 제 주위에 창업하려는 사람들 많거든요. 제가 여러모로 쓸모가 있을 거예요. 전 뭐든지 잘하거든요.

대표님!

어때요?

147

야옹..
야옹..

답답했지?

웬 고양이야?

지우네 새 직원. 글쎄, 맨날 직원 월급 걱정하더니 새 직원이 둘이나 늘었다니까.

그게 무슨 말이야?

작업 현장에서 구한 아이예요.

근처에 어미가 있을까 하고
그 자리에 두기도 하고
며칠 동안 어미를 찾았는데,
결국 어미는 없었어요.
그래서 동물구조센터에
넘겨주려다가 제가 입양했어요.
병원에도 데려갔는데
건강도 괜찮대요.

그랬구나.
아유, 귀여워.
그럼 또 다른
새 직원도
있는 거야?

네, 직원이라기보다는….
하하, 그렇게 됐어요.

그런데 갑자기 웬 캠핑이야?
뭐, 우리는 좋지만….

제가
새로운 마음으로
도전하려고요.

오, 투자를 시작한 것이 잘되고
있나보지? 전에 말한 ETF에
투자했어?

네.

사서님, ETF 이야기가 나온 김에 ETF를
할 때 생각할 점에 대해 말씀해 주세요.

그럴까?

149

ETF는 일반적인 주식 투자에 비해 상대적으로 안전한 것은 사실이야.

하지만 주식에 투자하는 상품으로 주식과 같이 거래되는 금융상품인 만큼 ETF도 위험성이 따른다는 것을 생각해야 해.

예금이 아니기 때문에 예금자보호법의 보호를 받지 못하거든.

아, 그렇겠네요.

ETF에 따르는 위험에는 어떤 것들이 있는데요?

가격이 떨어질 위험이 있어. 이 위험에는 두 가지가 있지.

증권시장이 하락할 경우, 개별 종목이 하락할 경우란다.

경제성장률이 떨어지고 경기가 나빠지면 시장이 하락하게 되지.

증권시장의 전체적인 흐름과 상관없이 개별 종목의 악재로 주가가 하락하는 경우도 있고.

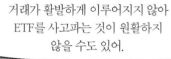

거래가 활발하게 이루어지지 않아 ETF를 사고파는 것이 원활하지 않을 수도 있어.

또한 ETF에 들어 있는 종목 가운데에서 재무나 경영 상태가 나빠지거나 부도가 나서 가격이 급격히 떨어질 수도 있지.

위험한 상황이 너무 많은데요?

아냐, 아냐. 이게 끝이 아닐 거예요. 그렇죠?

하하, 물론이지.

위험에 대비하면 되지 않겠니?

너무 오랫동안 차 안에 있어서 답답한가 봐.

그렇겠네. 첫 여행이자 멀리 떠나는 여행이니까 긴장도 했겠지?

우리 잠깐 휴게소에서 쉬었다 갈까요?

152

그럼 위험에 대비하려면 어떻게 해야 해요?

위험에 대비하기 위해서는 안전한 자산과 위험한 자산을 알맞게 분산해 두어야 해.

안전한 자산에는 어떤 것들이 있어요?

현금과 채권 등이 있지.

그리고 ETF 종목마다 어떤 수준의 위험성이 있는지 알아보고 종목을 골라야 해. 보통 높은 수익을 추구하는 종목일수록 위험성이 높지.

또 자신만의 투자 원칙에 따라야 해. 언론에서 홍보하거나 타인이 추천하는 상품을 무조건 선택하지 말고 자신만의 투자 원칙을 세워 투자하는 것이 좋아.

그럼 다시 출발해 볼까요?

아까 자신만의 투자 원칙을 세워야 한다고 하셨잖아요.

그렇지.

투자 원칙이 뭐예요?

여윳돈으로 투자할 것, 노후준비를 위해 할 것, 단기간의 수익률에 연연하지 말 것.

지우는 이런 투자 원칙을 잘 세워 놓은 거지?

네, 당연하죠.

반려동물과 관련된 ETF도 있나요?

글쎄, 찾아볼까?

그럼 아기 고양이를 직원으로 맞은 기념으로 반려동물의 미래에 투자하는 ETF도 생각해 보면 좋겠네!

좋은 생각인걸!

야호!
드디어 도착!

바다도 있고
산도 있고 아주 좋구나.

경치가
너무 좋은데?

멋진 곳을
찾았구나.

여기 좋지?
앞으로는 더
좋아질 거야.

내가 이곳의 전체적인
새 인테리어 작업을 맡았거든.

와, 대단한데!

그럼 텐트부터 쳐 볼까?

모두 함께 사진 찍어요.

새로운 시작을 위하여! 더 밝은 미래를 향하여!

ETF vs 주식 vs 펀드

주식 vs ETF

- ETF는 10개 종목 이상으로 이루어져 있는 펀드이므로 분산투자 효과가 있다.
- 주식 투자를 할 때 그 기업이 도산하면 전액 손실을 입지만 ETF는 투자자들이 최소한의 손실만 입는다.
- ETF 안의 종목이 많을수록 변동성과 위험성이 적다.

펀드 vs ETF

- 여러 종목을 모아놓은 것은 펀드와 비슷하다.
- ETF는 하루에 여러 차례 매매를 할 수 있다.
- 펀드는 중도환매수수료를 내야 하지만 ETF는 중도에 환매할 때 수수료를 내지 않아도 된다.

* 중도환매수수료 : 펀드에서 정한 3개월 또는 6개월 등 최소 투자 기간 안에 펀드를 환매할 때 투자자가 내야 하는 수수료